ম্যাথায়াস ফি

# উদ্ভাবনীমূলক স্থাবর সম্পত্তি ম্যাচিং-এর ধারনা : রিয়েল এস্টেট এজেন্সির সাধারণ কাজকর্ম

## রিয়েল এস্টেট ম্যাচিং : দক্ষ, সরল ও পেশাদার রিয়েল এস্টেট ব্রোকারেজ উদ্ভাবনীমূলক রিয়েল এস্টেট ম্যাচিং পোর্টালের মাধ্যমে

# ইমপ্রিন্ট

মুদ্রিত পুস্তক হিসেবে প্রথম সংস্করণ – ফেব্রুয়ারী 2017
(মূল হিসেবে জার্মান-এ প্রকাশিত, ডিসেম্বর 2016)

গ্রন্থস্বত্ব 2016 ম্যাথায়াস ফিডলার

ম্যাথায়াস ফিডলার
এরিকা – ফন – ব্রোকডর্ফ স্ট্রীট 19,
41352 অবস্থান : কোর্শেনব্রোয়েথ
জার্মানি
www.mathiasfiedler.net

উত্পাদন ও মুদ্রন –
শেষ পৃষ্ঠার মুদ্রণ দেখুন
প্রচ্ছদ পরিকল্পনা ম্যাথায়াস ফিডলার
ই-বুক প্রস্তুতি – ম্যাথায়াস ফিডলার

ISBN – 13 (Paper Back) : 978-3-947082-81-0
ISBN-13 (E-Book Mobi) : 978-3-947082-82-7
ISBN -13 (E-Book epub) : 978-3-947082-83-4

জার্মান জাতীয় গ্রন্থাগারের গ্রন্থগার সংক্রান্ত তথ্যাদি : জার্মান জাতীয় গ্রন্থাগার এই পুস্তকটি প্রকাশ করছে জার্মান জাতীয় গ্রন্থাগারমালা ; গ্রন্থাগারমালা সম্পর্কে বিস্তারিত তথ্য পাওয়া যাবে ইন্টারনেটে ।://dnb.d-nb.de

# বিষয়

এই বইতে বিশ্বজোড়া রিয়েল এস্টেট ম্যাচিং পোর্টাল (অ্যাপ – অ্যাপ্লিকেশন)-এর জন্য একটি বৈপ্লবিক ব্যাখ্যা দেওয়া হয়েছে । পর্যাপ্ত আয়ের সম্ভাবনা (বিলিয়ানস ইউরো-তে) হিসাব সহ, যেটা রিয়েল এস্টেট মূল্যায়ন (ট্রিলিয়ানস ইউরো আয়ের সম্ভাবনা সহ) একটি রিয়েল এস্টেট ব্রোকার সফটওয়ারে সংহত করা হয়েছে ।

এর অর্থ আবাসিক ও বাণিজ্যিক রিয়েল এস্টেট ব্যবহার করা হোক বা ভাড়া দেওয়াই হোক সম্পর্কে দক্ষ এবং সময়সাশ্রয়ী উপায়ে জানানো যেতে পারে । সব রিয়েল এস্টেট ব্রোকার এবং সম্পত্তির মালিকদের জন্য উদ্ভাবনীমূলক এবং পেশাদার রিয়েল এস্টেট এজেন্সির ভবিষ্যতই হল এটা । রিয়েল এস্টেট ম্যাচিং সব দেশেই হয় আর এমনকি নানা সময় দেশ–দেশান্তরেও করা হয়ে থাকে ।

এই পদ্ধতিতে সম্পত্তিকে ক্রেতা বা ভাড়াটের কাছে 'বহনের ' বদলে রিয়েল এস্টেট সংক্রান্ত আগ্রহগুলিকে

বিশেষিত করে রিয়েল এস্টেট ম্যাচিং পোর্টালে পাঠানো হয় আর সেগুলিকে রিয়েল এস্টেট ব্রোকারদের উল্লেখ করা সম্পত্তিগুলির সঙ্গে সেগুলিকে জোড়া হয়।

# সূচীপত্র

# প্রস্তাবনা

2011 সালে আমি উদ্ভাবনী রিয়েল এস্টেট ম্যাচিং-এর ধারনাটা গড়ে তুলি এবং সেটার বিকাশ ঘটাই ।

1998 সাল থেকে আমি রিয়েল এস্টেটের সঙ্গে সক্রিয়ভাবে যুক্ত (রিয়েল এস্টেট কেনা-বেচা, মূল্যায়ন, ভাড়া দেওয়া এবং জমির ডেভলপমেন্ট ইত্যাদি সমেত) । আমি একজন রিয়েল এস্টেট বিশেষজ্ঞ (আই.এইচ.কে.), রিয়েল এস্টেটের সঙ্গে যুক্ত একজন অর্থনীতিবিদ (এ.ডি.আই.) এবং রিয়েল এস্টেটের একজন মূল্যায়ক (ডি.ই.কে.আর.এ.) আর সেই সঙ্গেই আন্তর্জাতিকভাবে স্বীকৃত রিয়েল এস্টেট সংগঠন রয়্যাল ইন্সটিটিউট অফ চার্টার্ড সার্ভেয়ার (এই.আর.আই.সি.এস.)-এর একজন সদস্য ।

ম্যাথায়াস ফিডলার

কোর্শেনব্রোয়েখ 31.10.2016

www.mathiasfiedler.net

# 1. উদ্ভাবনী রিয়েল এস্টেট ম্যাচিং-এর ধারনা - রিয়েল এস্টেট এজেন্সি সহজে গড়া

রিয়েল এস্টেট ম্যাচিং :দক্ষ, সরল ও পেশাদার রেয়েল এস্টেট ব্রোকারেজ একটি উদ্ভাবনী রিয়েল এস্টেট ম্যাচিং পোর্টালের মাধ্যমে ।

ক্রেতা বা ভাড়াটিয়ার কাছে রিয়েল এস্টেট তুলে নিয়ে যাওয়ার পরিবর্তে রিয়েল এস্টেট সম্পর্কে আগ্রহগুলি (সার্চ প্রোফাইল) রিয়েল এস্টেট ব্রোকারদের দেওয়া সম্পত্তির সঙ্গে মেলানো এবং জুড়ে দেওয়া হয়, যেটা রিয়েল এস্টেট ম্যাচিং পোর্টালের মাধ্যমে যার মধ্যস্থতা চূড়ান্ত হবে (অ্যাপ – অ্যাপ্লিকেশন) ।

## 2. রিয়েল এস্টেট মালিক এবং রিয়েল এস্টেট প্রদায়কদের উদ্দেশ্য

রিয়েল এস্টেটের একজন সেলসম্যান এবং জমিদারের দৃষ্টিভঙ্গি থেকে আপনার সম্পত্তিটি দ্রুত এবং সব থেকে যত বেশি সম্ভব দামে বিক্রি বা ভাড়া করিয়ে দেওয়াটাই গুরুত্বপূর্ণ ।

একজন ক্রেতা ও সম্ভাব্য ভাড়াটিয়ার দৃষ্টিভঙ্গি থেকে আবার তার নিজের পছন্দ মত কিছু খুঁজে পাওয়াটা যেমন জরুরী, তেমনি আবার সেটা দ্রুত এবং সহজে পাওয়াটাও দরকার ।

## 3. সম্পত্তি খোঁজার প্রক্রিয়াটার বাস্তব রূপায়ণ

সাধারণভাবে সম্ভাব্য লগ্নিকারীরা তাদের পছন্দসই এলাকায় সম্পত্তি খোঁজে ইন্টারনেটে বড় বড় রিয়েল এস্টেট পোর্টালে গিয়ে । ওই সব পোর্টালে আপনি রিয়েল এস্টেটের খোঁজ পেতে পারেন অথবা ইমেলে পাঠানো লিঙ্কের একটি তালিকাও পেতে পারেন, যদি সেখানে ওরা চটজলদি খোঁজার একটা প্রোফাইল খুলে থাকে । দু-তিনটি রিয়েল এস্টেট পোর্টালে এটা প্রায়শই করা হয়ে থাকে । এরপর সাধারণত ইমেলের মাধ্যমে যোগযোগ করা হয় । এটাতে প্রদায়কদের পক্ষে আগ্রহী পক্ষের সঙ্গে যোগাযোগ তৈরী ও যোগাযোগ রাখার একটা অনুমতি পাওয়ার সুবিধা হয় ।

এছাড়া আগ্রহী পক্ষদের সংগে রিয়েল এস্টেট এজেন্টরা যোগাযোগ করেন তাদের পছন্দসই অঞ্চলের ক্ষেত্রে এবং ওঁদের সার্চ প্রোফাইল সংরক্ষণ করে রাখা হয় ।

রিয়েল এস্টেট পোর্টালে প্রদায়করা মূলত বেসরকারি এবং বাণিজ্যিক ভিত্তিতে কাজ করা প্রদায়ক ।

বাণিজ্যিক প্রদায়করা প্রধানত রিয়েল এস্টেট ব্রোকার আর অংশত নির্মাণ সংস্থাগুলির প্রতিনিধি, রিয়েল এস্টেট ব্যবসায়ী

এবং অন্যান্য রিয়েল এস্টেট সংস্থা (মূল পাঠে বাণিজ্যিক প্রদায়কদের রিয়েল এস্টেট ব্রোকার হিসেবেই উল্লেখ করা হয়েছে ।

# 4. বেসরকারি প্রদায়কের অসুবিধা/ রিয়েল এস্টেট ব্রোকারের সুবিধা

রিয়েল এস্টেটের ক্ষেত্রে ব্যক্তিগত বিক্রয়ের নিশ্চিয়তা সবসময় অবিলম্বে দেওয়া হয় না । যেমন ধরা যাক উত্তরাধিকার সূত্রে পাওয়া কোন সম্পত্তির ক্ষেত্রে বিভিন্ন উত্তরাধিকারীর মধ্যে কোন চুক্তি থাকে না অথবা উত্তরাধিকারের বিশদ তথ্যাদিই পাওয়া যায় না চটকরে । তাছাড়া ব্যাখ্যা না করতে পারা আইনি সমস্যা যেমন কিনা অন্য অনেক কিছুর মধ্যে বসবাস করার অধিকার নিশ্চিত না হয়ে ওঠার ফলে এই ধরনের বিক্রিকে আরও কঠিন করে তোলে ।

ভাড়া নেওয়া সম্পত্তির ক্ষেত্রে ব্যক্তিগত বাড়ির মালিকরা অনেক সময়ই সরকারি স্বীকৃতি গ্রহণ করেন না যেমন কিনা ব্যবসায়িক সম্পত্তি (ফ্ল্যাট) যদি আবাসনের জন্য অ্যাপার্টমেন্ট হিসেবে ভাড়া দেওয়া হয় সেক্ষেত্রে প্রয়োজনীয় অনুমতি নেন না ।

যখন কোন রিয়েল এস্টেট ব্রোকার প্রদায়ক হিসেবে কাজ করেন, তিনি কিন্তু আগে উল্লেখিত প্রকল্পগুলির ক্ষেত্রে আগে থেকেই স্পষ্টিকরণ চেয়ে নেন । এর অতিরিক্ত হিসেবে

সংশ্লিষ্ট সম্পত্তি সংক্রান্ত নথিপত্রগুলি (ফ্লোর প্ল্যান, সাইট প্ল্যান, শক্তি সংক্রান্ত সংশায়ন, জমির পঞ্জি, সরকারি নথি ইত্যাদি) প্রায়শই হাতের কাছে পাওয়া যায় । সুতরাং এই সব ক্ষেত্রে বিক্রি বা ভাড়া দেওয়া দ্রুত সম্ভব হতে পারে এবং কোন জটিলতা ছাড়াই সেটা সম্পন্ন করা যেতে পারে ।

# 5. রিয়েল এস্টেট ম্যাচিং

সম্ভাব্য ক্রেতা এবং বিক্রেতা বা জমির মালিকের মধ্যে দ্রুত ও কার্যকর ম্যাচিং অর্জনের জন্য একটা নিয়মানুগ ও পেশাদারী পদ্ধতির প্রস্তাব করা সাধারণত গুরুত্বপূর্ণ।

রিয়েল এস্টেট ব্রোকার এবং সম্ভাব্য ক্রেতার মধ্যে অনুসন্ধান এবং খুঁজে বের করার জন্য এটি একটি ভিন্ন দৃষ্টিভঙ্গি বা পদ্ধতির মাধ্যমে করা হয়ে থাকে। অন্যভাবে বলতে গেলে, ক্রেতা অথবা ভাড়াটিয়ার ক্ষেত্রে 'রিয়েল এস্টেট'-এর জায়গায়, রিয়েল এস্টেট ইন্টারেস্ট (অ্যাপ-এপ্লিকেশন) কোয়ালিফায়েড (সার্চ প্রোফাইল) হয় এবং রিয়েল এস্টেট ব্রোকারের সম্পত্তিতে সংযুক্ত করা হয়।

প্রথমে, সম্ভাব্য ক্রেতাগণ রিয়েল এস্টেট ম্যাচিং পোর্টালে একটি সুনির্দিষ্ট সার্চ প্রোফাইলের খোঁজ করেন। সার্চ প্রোফাইলে ২০টি বিষয় রয়েছে। অন্যান্য কিছুর মধ্যে নিম্নলিখিত বিষয়গুলি (সম্পূর্ণ তালিকা নয়) সার্চ প্রোফাইলের জন্য আবশ্যক।

– অঞ্চল/পোস্টাল কোড/শহর

– বিষয়টির প্রকার

- সম্পত্তির আয়তন

- থাকার জায়গা

- কেনার/ভাড়ার মূল্য

- নির্মাণের বছর

- কয় তলা

- ঘরের সংখ্যা

- ভাড়া (হ্যাঁ/না)

- সেলার/মাটির নিচে ঘর (হ্যা/না)

- ব্যালকনি/টেরেস (হ্যাঁ/না)

- গরম করার প্রকার

- পার্কিংয়ের জায়গা (হ্যাঁ/না)

এক্ষেত্রে বিষয়গুলিতে সরাসরি ঢুকে না গিয়ে পূর্বনির্ধারিত সম্ভাবনা/বিকল্প-এর তালিকা (যেমন, বিষয়ের প্রকারের ক্ষেত্রে: এপার্টমেন্ট, ফ্যামিলি হাউস, ওয়্যারহাউস, অফিস...)

থেকে ক্লিক করে অথবা নির্দিষ্ট বিষয়ের জায়গা (যেমন বিষয়ের প্রকার) খুলে বাছাই করা গুরুত্বপূর্ণ।

আগ্রহী পক্ষ চাইলে বিকল্পভাবে আরও সার্চ প্রোফাইল তৈরি করতে পারে। সার্চ প্রোফাইলে পরিবর্তন করাও সম্ভব।

এছাড়া, আগ্রহী পক্ষ যোগাযোগের সম্পূর্ণ বিবরণী নির্দিষ্ট জায়গায় পূরণ করবে। এগুলো হচ্ছে নাম, প্রথম নাম, রাস্তা, বাড়ির নম্বর, পোস্টাল কোড, শহর, টেলিফোন এবং ই-মেইল।

এক্ষেত্রে আগ্রহী পক্ষ রিয়েল এস্টেট ব্রোকারদের দ্বারা যোগাযোগ এবং উপযুক্ত সম্পত্তি (প্রকাশিত) পাঠানোর জন্য তাদের সম্মতি দেন।

এছাড়া সম্ভাব্য ক্রেতা রিয়েল এস্টেট ম্যাচিং পোর্টালের অপারেটরের সঙ্গে একটি চুক্তিতে যুক্ত হন।

পরবর্তী পর্যায়ে একটি এপ্লিকেশন প্রোগ্রাম ইন্টারফেস (এ.পি.আই.) এর মাধ্যমে সার্চ প্রোফাইলগুলি পাওয়া যায়—

জার্মানির 'ওপেন' প্রোগ্রামিং ইন্টারফেসের সঙ্গে তুলনীয়—যুক্ত হওয়া রিয়েল এস্টেট ব্রোকারগণ এখনও দৃশ্যমান নয়।

এটা উল্লেখ করা প্রয়োজন যে এই প্রোগ্রামিং ইন্টারফেস—যা প্রায় রূপায়নের চাবিকাঠি—প্রায় প্রতিটি রিয়েল এস্টেট ব্রোকার সফটওয়্যারে অনুশীলন অথবা হস্তান্তর সুনিশ্চিত করায় সাপোর্ট করা উচিত। যদি তা না হয়, তবে তা প্রযুক্তিগতভাবে সম্ভব। যেহেতু আগে থেকেই প্রোগ্রামিং ইন্টারফেস রয়েছে, যেমন উপরের উল্লেখিত প্রোগ্রামের ক্ষেত্রে ইন্টারফেস হচ্ছে 'openimmo' এবং আরেকটি প্রোগ্রামিং ইন্টারফেস হচ্ছে প্র্যাকটিস, এ ধরনের প্রোফাইলের একটি হস্তান্তর সম্ভব হওয়া উচিত।

এবার রিয়েল এস্টেট ব্রোকারগণ তাদের রিয়েল এস্টেট এই ধরনের সার্চ প্রোফাইলের সঙ্গে তুলনা করবে। সেজন্যে প্রপার্টিসগুলো রিয়েল এস্টেট ম্যাচিং পোর্টালের সঙ্গে সংযুক্ত করা হবে এবং সংশ্লিষ্ট বিষয়গুলো মিলিয়ে নিয়ে যুক্ত করা হবে।

একবার যখন এই মিলিয়ে নেওয়া হয়ে যাবে, তখন একটি করেসপন্ডিং পার্সেন্টেজ সহ একটি ম্যাচিং দেওয়া হবে। সার্চ প্রোফাইলগুলির ম্যাচিং থেকে, যেমন 50%, যা রিয়েল এস্টেট ব্রোকার সফটওয়্যারে প্রদর্শিত।

আলাদা আলাদা বৈশিষ্ট্যগুলোকে একটির সঙ্গে অপরটির পরিমাপ করা হয় (পয়েন্ট সিস্টেম), যাতে বৈশিষ্ট্যগুলো ম্যাচিং করার পর ম্যাচিংয়ের জন্য (ম্যাচিংয়ের সম্ভাবনা) একটি ফলাফল আসে।

যেমন, 'অবজেক্ট টাইপ' বৈশিষ্ট্যকে 'লিভিং স্পেস' বৈশিষ্ট্যের চেয়ে বেশি ওজনের বলে ধরা হয়। সেইসঙ্গে, নির্দিষ্ট বৈশিষ্ট্য (যেমন বেসমেন্ট) নির্বাচিত করা যেতে পারে যা এই সম্পত্তিতে থাকবে।

ম্যাচিংয়ের জন্য বৈশিষ্ট্যগুলো ম্যাচিং করার সময়, রিয়েল এস্টেট ব্রোকারদের তাদের পছন্দের (বুকড) অঞ্চলের অধিগম্যতা দেওয়ার ক্ষত্রে সতর্কতা অবলম্বন করতে হবে। তা ডাটা ম্যাচিংয়ের জন্য প্রয়োজনীয় প্রচেষ্টাকে কমিয়ে আনে। বিশেষ করে সংশ্লিষ্ট রিয়েল এস্টেট ব্রোকারগণ যেহেতু

বেশিরভাগ ক্ষেত্রেই আঞ্চলিক। এটা উল্লেখ করা উচিত যে, তথাকথিত "ক্লাউড" আজকাল বিশাল সংখ্যক ডাটা সংরক্ষণ ও প্রসেস করা সম্ভব করেছে।

পেশাগত রিয়েল এস্টেট ব্রোকারেজ সুনিশ্চিত করতে, শুধুমাত্র রিয়েল এস্টেট ব্রোকারগণই সার্চ প্রোফাইল এক্সেস করতে পারবেন।

এক্ষেত্রে রিয়েল এস্টেট ব্রোকারগণ রিয়েল এস্টেট ম্যাচিং পোর্টালের অপারেটরের সঙ্গে একটি চুক্তি গঠন করে।

সংলিষ্ট ম্যাচিং/ম্যাচিং-এর পর, রিয়েল এস্টেট ব্রোকারগণ সম্ভাব্য ক্রেতার সঙ্গে যোগাযোগ করতে পারেন, বিপরীতক্রমে, সম্ভাব্য ইনভেস্টরগণও রিয়েল এস্টেট ব্রোকারদের সঙ্গে যোগাযোগ করতে পারেন। এর মানে বিক্রি অথবা ভাড়ার ক্ষেত্রে যদি রিয়েল এস্টেট ব্রোকার যদি সম্ভাব্য ক্রেতার কাছে একটি আগ্রহ পাঠান, রিয়েল এস্টেট ব্রোকারদের একটি কাজের অথবা দাবির প্রমাণ তাদের ব্রোকারেজ কমিশনে প্রদর্শিত হয়।

এটা পূর্বেই মেনে নেওয়া হয় যে, সম্পত্তির ব্যবস্থা করার জন্য রিয়েল এস্টেট ব্রোকার মালিকের (বিক্রয়কারী অথবা জমির মালিক) দ্বারাই নিযুক্ত হয়েছেন অথবা সম্পত্তি অফার করার জন্য অনুমতি প্রাপ্ত হয়ে

# 6. প্রয়োগের ক্ষেত্রগুলি

এখানে বলা ভাল রিয়েল এস্টেট ম্যাচিং আবাসনমূলক ও বাণিজ্যিক রিয়েল এস্টেট ক্ষেত্রে সম্পত্তি কেনা বা ভাড়া দেওয়ার ক্ষেত্রে প্রয়োজ্য। কেবল বাণিজ্যিক সম্পত্তিগুলির জন্য রিয়েল এস্টেট সংক্রান্ত অতিরিক্ত বৈশিষ্ট্য দরকার।

সম্ভাব্য ক্রেতাদের পক্ষে, যেমনটা সাধারণত হয়ে থাকে, একজন রিয়েল এস্টেট ব্রোকার-ও থাকতে পারেন, যেমন ধরা যাক তাঁর মক্কেলদের পক্ষে।

এই রিয়েল এস্টেট ম্যাচিং পোর্টালটি প্রযুক্তিগতভাবে প্রায় সব দেশেই হস্তান্তর করা যেতে পারে।

## 7 .সুবিধা

এই প্রপার্টি ম্যাচিং সম্ভাব্য ক্রেতাদের বিরাট সুবিধা দেয়, যেমন যদি তারা নিজেদের এলাকায় (যে অঞ্চলে বসবাস করেন) কোনও সম্পত্তি খুঁজতে চান অথবা অন্য কোন শহর/অঞ্চলে কর্মসূত্রে বদলের দরুণ বাসস্হান পরিবর্তন করতে চান।

আপনাকে কেবল একবারই আপনার সার্চ প্রোফাইল পেশ করতে হবে আর যে অঞ্চলে আপনি চান সেই অঞ্চলের রিয়েল এস্টেট এজেন্টদের কাছ থেকে আপনি সঠিক সম্পত্তির খোঁজ পেয়ে যাবেন।

রিয়েল এস্টেট ব্রোকারদের ক্ষেত্রে এটা বিরাট সুবিধাদায়ক বিক্রি বা ভাড়া যেকোনও ক্ষেত্রেই দক্ষতা এবং সময় বাঁচানোর নিরিখে।

আপনি একটি সম্পত্তির ক্ষেত্রে সম্ভাব্য ক্রেতাদের দেওয়া প্রস্তাবের সার্বিক সম্ভাব্যতা অবিলম্বে পেয়ে যাবেন।

তাছাড়া রিয়েল এস্টেট ব্রোকাররা সরাসরি তাদের সংশ্লিষ্ট টার্গেট গ্রুপকে যোগযোগ করতে পারবেন যারা একটা সার্চ

প্রোফাইল তৈরি করে তাদের সাধের সম্পত্তির বিষয়ে সুনির্দিষ্ট চিন্তাভাবনা ইতিমধ্যেই পাঠিয়ে দিয়েছেন (স্হাবর সম্পত্তির কথা জানিয়ে)।

এটা তাদের সঙ্গে যোগাযোগের গুনমান বাড়ায় যারা জানেন যে তাঁরা ঠিক কি চাইছেন। এই সঙ্গেই এটা পরবর্তী পরিদর্শনের তারিখের সংখ্যাও কমিয়ে দেয়। আর তার ফলে যে সম্পত্তিটি ব্রোকারেজ করা হচ্ছে তার বিপণনের মোট সময়টাও যায় কমে। ওই সম্পত্তিটি পরিদর্শনের পর আগ্রহী পক্ষের সঙ্গে মধ্যস্হতার পরিপ্রক্ষিতে– যেমনটা হয়ে থাকে– কোনও কেনা বা লিজ সংক্রান্ত চুক্তি সম্পন্ন হয়।

## ৪. নমুনা হিসেব (সম্ভাবনা)- কেবল স্বনিযুক্ত অ্যাপার্টমেন্ট ও বাড়ি (ভাড়া দেওয়া অ্যাপার্টমেন্ট ও বাড়ি এবং বাণিজ্যিক সম্পত্তিগুলি বাদে)

নীচের উদাহরণটি রিয়েল এস্টেট ম্যাচিং পোর্টাল-এর সম্ভাবনাকে তুলে ধরে ।

250,000অধিবাসী বিশিষ্ট কোন জনপদ , যেমন কিনা মনচেনগ্ল্যাডবাচ শহর , পরিসংখ্যানগতভাবে যেখানে 125,000 বাড়ি( বাড়ি পিছু 2 জন করে বাসিন্দা) ধরা হয়েছে । গড় পুনর্বস্থান হার হল প্রায় 10% । তাই বছরে 12,500 টি বাড়ির অবস্থান পাল্টায় । এখানে মনচেনগ্ল্যাডবাচ থেকে চলে যাওয়া ও সেখানে আসা-দের মধ্যের উদ্বৃত্তটা ধরা হয় নি । এর মধ্যে প্রায় 10,000 বাড়ি(৪0%) খোঁজে ভাড়ার সম্পত্তি আর, প্রায় 2,500 পরিবার ( 20% ) খোঁজ করে ক্রয়যোগ্য সম্পত্তি ।

মনচেনগ্ল্যাডবাচ শহরের বিশেষজ্ঞ কমিটির রিপোর্ট অনুসারে 2012 সালে সেখানে 2,613টি সম্পত্তি কেনা হয়েছিল ।

এটা ওপরের ঐ 2,500 ক্রেতার পরিসংখ্যানকে নিশ্চয়তা দেয় । এটা আরও বেশি হবে , কেননা , প্রত্যেকেই তো আর সম্পত্তি কিনতে পারবে না ।ধরে নেওয়া হয়েছে যে প্রকৃত সম্ভাব্য ক্রেতার সংখ্যা বা সার্চ প্রোফাইলের সংখ্যা গড় পুনর্বস্থানের হার প্রায় 10 %–এর দ্বিগুণ হবে অর্থাত্ 25,000সার্চ প্রোফাইলহবে । এর মধ্যে , অন্যান্য অনেক জিনিসের সংগে এটাও থাকবে যে, সম্ভাব্য ক্রেতারা রিয়েল এস্টেট ম্যাচিং পোর্টালে একাধিক সার্চ প্রোফাইল তৈরি করবে ।

এখানে উল্লেখ করা যেতে পারে যে , অভিজ্ঞতায় দেখা গেছে , সম্ভাব্য সব ক্রেতাদের প্রায় অর্ধেক ( ক্রেতা ও ভাড়াটিয়া মিলিয়ে ) –ই তাদের প্রার্থিত সম্পত্তি পান রিয়েল এস্টেট ব্রোকারের মাধ্যমে , অর্থাত্ মোট প্রায় 6,250 টি পরিবার ।

সব পরিবারের প্রায় 70% –ই তাদের প্রয়োজন মেটাতে ইন্টারনেট–এরিয়েল এস্টেট পোর্টালে খুঁজেছে , আর এই ভাবে

প্রায় ৪,750টি পরিবার ( 17,500 টি সার্চ প্রোফাইল ) তা করেছে ।

যদি সমস্ত আগ্রহী পক্ষের 30% যেমন মনচেংলাবাচের মত শহরে 3,750টি বাড়ি (7,500 টি সার্চ প্রোফাইলের সমান), রিয়েল এস্টেট ম্যাচিং পোর্টালের জন্য তাদের সার্চ প্রোফাইল তৈরি করবে 1,500টি কংক্রিট সার্চ প্রোফাইল (20%)। 6,000 কনক্রিট সার্চ প্রোফাইল (৪0%) সম্ভাব্য ভাড়াটিয়াগণ তাদের উপযুক্ত রিয়েল এস্টেট প্রদান করবে।

এর অর্থ যে 10 মাসের একটি গড় সার্চের সময়ে এবং সম্ভাব্য ক্রেতার তৈরি করা প্রতিটি সার্চ প্রোফাইলের জন্য একটি উল্লেখনীয় মূল্য 50€ হয়, তাহলে ৭,৫০০ সার্চ প্রোফাইলের জন্য বিক্রির সম্ভাব্যতা একটি 250,000 জন বসবাসকারী শহরের ক্ষেত্রে প্রতি বছরে 3,750,000€ হবে। ফেডারেল রিপাবলিক অফ জার্মানির একটি হিসেব অনুযায়ী যেখানে ৪0,000,000 (৪0 মিলিয়ন) বসবাসকারী স্থানে এর ফলাফল প্রতি বছর 1,2000,000,000 (1.2 বিলিয়ন €)। যদি সম্ভাব্য ক্রেতাদের মধ্যে 30% আগ্রহী পক্ষের জায়গায় 40% হয়ে থাকে, যারা রিয়েল এস্টেট ম্যাচিং

পোর্টালের মাধ্যমে সম্পত্তির খোঁজ করছেন, তাহলে বিক্রির সম্ভাব্যতা বৃদ্ধি পেয়ে হবে 1,600,000,000€ (1.6 বিলিয়ন€) প্রতি বছরে।

এই টার্নওভার সম্ভাবনা উল্লেখ করে শুধুমাত্র স্ব-নিযুক্ত এপার্টমেন্ট এবং বাড়ি। বসতিপূর্ণ রিয়েল এস্টেট এলাকার ভাড়া এবং/অথবা প্রদত্ত সম্পত্তি এবং বানিজ্যিক রিয়েল এস্টেট এলাকার সম্পূর্ণ ক্ষেত্র এই সম্ভাব্য হিসেবে অন্তর্ভুক্ত হয়নি।

রিয়েল এস্টেট ব্রোকারেজ কোম্পানির ক্ষেত্রে (কনস্ট্রাকশন কোম্পানি, রিয়েল এস্টেট ট্রেডার্স এবং অন্যান্য রিয়েল এস্টেট ককম্পানি সহ) জার্মানিতে প্রায় 50,000 কোম্পানির ক্ষেত্রে প্রায় 200,000 কর্মচারী এবং এই 50,000 কোম্পানির একটি উদাহরণযোগ্য অংশীদার 20% এই রিয়েল এস্টেট ম্যাচিং পোর্টাল ব্যবহারকারী গড়ে 2 লাইসেন্সের ক্ষেত্রে একটি টার্নওভারের সম্ভাবনা 72,000,000€ (72মিলিয়ন€) প্রতি বছরে প্রতি লাইসেন্সে প্রতি মাসে 300 € উল্লেখনীয় মূল্যে।

সেই সঙ্গে একটি আঞ্চলিক বুকিং সার্চ প্রোফাইলের জন্য করতে হবে, যাতে ডিজাইনের ওপর নির্ভর করে গ্রহণযোগ্য অতিরিক্ত রেভিনিউ সভাবনা এতে তৈরি হতে পারে।

রিয়েল এস্টেট ব্রোকারদেরকে সুনির্দিষ্ট সার্চ প্রোফাইলের সঙ্গে আগ্রহী পক্ষের এই বিশেষ সম্ভাবনার মাধ্যমে তাদের ইন্টারেস্টের (যদি তা থেকে থাকে) নিজস্ব ডাটাবেস আপডেট করতে হবে না। বিশেষ করে এই সার্চ প্রোফাইলের সখ্যা রিয়েল এস্টেট ব্রোকারদের তাদের নিজস্ব ডাটাবেসে তৈরি করা সার্চ প্রোফাইলের সংখ্যাকে অতিক্রম করে যাবে।

এই উদ্ভাবনাপূর্ণ রিয়েল এস্টেট ম্যাচিং পোর্টালকে যদি বিভিন্ন দেশে ব্যবহার করতে হয়, যেমন জার্মানি থেকে সম্ভাব্য ক্রেতাগণ ম্যাজোরকার (স্পেন) মেডিটারিয়ান আইল্যান্ডে হলিডে এপার্টমেন্ট-এর জন্য সার্চ প্রোফাইল তৈরি করতে পারেন এবং ম্যাজোরকার সঙ্গে সংযুক্ত রিয়েল এস্টেট এজেন্ট তাদের জার্মানের সম্ভাব্য ক্রেতার জন্য সঠিক এপার্টমেন্ট দিতে পারেন। যদি অনুবাদকৃত এক্সপোজেস স্প্যানিশ ভাষায় হয়ে

থাকে, তাহলে এখন যারা ইন্টারনেটে আগ্রহী তারা সেই টেক্সট অনুবাদ প্রোগ্রামের সহায়তায় জার্মানিতে অনুবাদ করে যেতে পারে।

সার্চ প্রোফাইল ম্যাচ করার জন্য এবং রিয়েল এস্টেট ব্রোকার হওয়ার জন্য, ম্যাচিং বৈশিষ্ট্যগুলো প্রোগ্রাম (ম্যাথেমেটিক্যাল) বৈশিষ্ট্যের ভিত্তির সঙ্গে ম্যাচ করা যেতে পারে—ভাষা নিরিখে—রিয়েল এস্টেট ম্যাচিং পোর্টালের মধ্যে।

সমস্ত দেশে রিয়েল এস্টেট ম্যাচিং পোর্টাল ব্যবহারের সময় উপরে উল্লিখিত বিক্রির (শুধুমাত্র সার্চারদের) সম্ভাবনা নিম্নলিখিত খুব সহজ হিসেবের মাধ্যমে বোঝা যায়।

বিশ্বের জনসংখ্যা:

7,500,000,000 (7.5 বিলিয়ন) বসবাসকারী

1.শিল্পোন্নত দেশগুলির ক্ষেত্রে জনসংখ্যা এবং ব্যাপকভাবে, শিল্পোন্নত দেশগুলি:

2,000,000,000 (2.0 বিলিয়ন) বসবাসকারী

2. উঠে আসা বাজারগুলির জনসংখ্যা

4,000,000,000 (4.0 বিলিয়ন) অধিবাসী

3. উন্নয়নশীল দেশগুলির জনসংখ্যা

1,500,000,000 (1.5 বিলিয়ন) অধিবাসী

৮০ মিলিয়ন অধিবাসী সহ ফেডারেল রিপাবলিক অফ জার্মানির বার্ষিক আয়ের সম্ভাব্যতা ১.২ বিলিয়ন ইউরো যেটা

শিল্পোন্নত, সীমান্তে দাঁড়িয়ে থাকা এবং উন্নয়নশীল দেশগুলিতে নিচের শর্তগুলি অনুযায়ী বদলে দেওয়া হচ্ছে।

1. শিল্পোন্নত দেশগুলি : 1.0

2. উঠে আসা বাজার সম্বলিত দেশগুলি : 0.4

3. উন্নয়নশীল দেশগুলি : 0.1

এটা নিচের বার্ষিক আয়ের সম্ভাব্যতা এনে দিল (1.2 বিলিয়ন ইউরো x জনসংখ্যা (শিল্পোন্নত, উঠে আসা অথবা উন্নয়নশীল)/80 মিলিয়ন অধিবাসী x শর্ত)

1.  শিল্পোন্নত দেশগুলি :        30.00 বিলিয়ন ইউরো


2.  উঠে আসা বাজার

সম্বলিত দেশগুলি :        24.00 বিলিয়ন ইউরো


3.  উন্নয়নশীল দেশগুলি :        2.25 বিলিয়ন ইউরো


**মোট**                  **56.25  বিলিয়ন ইউরো**

## 9. উপসংহার

এই রিয়েল এস্টেট ম্যাচিং পোর্টালটি সম্পত্তি মালিক (সম্ভাব্য ক্রেতা) এবং রিয়েল এস্টেট ব্রোকারদের উল্লেখযোগ্য সুবিধা দেয়।

1. সম্ভাব্য ক্রেতাদের উপযুক্ত সম্পত্তি খোঁজার সময়টা উল্লেখযোগ্যভাবে কমে যায় কেননা, সম্ভাব্য ক্রেতাদের নিজেদের সার্চ প্রোফাইলটা একবারই মাত্র তৈরি করতে হয়।
2. রিয়েল এস্টেট ব্রোকাররা সম্ভাব্যতার সংখ্যা সম্পর্কে একটা সার্বিক চালচিত্র পেয়ে থাকেন পাকাপোক্ত ইচ্ছার উল্লেখ সহ (সার্চ প্রোফাইল)।
3. আগ্রহী পক্ষরা কেবল তাঁদের কাঙ্খিত অথবা উপযুক্ত সম্পত্তি (সার্চ প্রোফাইল অনুসারে) পেয়ে থাকেন যেটা সমস্ত রিয়েল এস্টেট ব্রোকাররাই তাঁদের পাঠান (স্বয়ংক্রিয় পূর্ব নির্বাচন)।

4. রিয়েল এস্টেট ব্যবসায়ী, অনুসন্ধান প্রোফাইলের জন্য তাদের পৃথক ডাটাবেস যত্ন জন্য তাদের খরচ কমাতে কারণ বর্তমান সার্চ প্রোফাইলের একটি খুব উচ্চ সংখ্যা স্থায়ীভাবে উপলব্ধ

5. যেহেতু কেবলমাত্র বাণিজ্যিক চোখ দিয়ে রিয়েল এস্টেট ব্রোকাররাই কেবল রিয়েল এস্টেট ম্যাচিং পোর্টালের সঙ্গে যুক্ত থাকেন, সম্ভাব্য ক্রেতাদের কেবল পেশাদার এবং যথেষ্ট অভিজ্ঞ রিয়েল এস্টেট ব্রোকারদের সঙ্গেই যোগাযোগ করতে হয়।

6. রিয়েল এস্টেট ব্রোকারদের ক্ষেত্রে দেখা করার সংখ্যা আর মোট বিপণন সময় - দুটোই যায় কমে। এর বিনিময়ে দেখা করার তারিখের সংখ্যা আর বিক্রি অথবা ভাড়ার চুক্তি সম্পন্ন হওয়ার সময়কাল যায় কমে।

7. বিক্রি অথবা ভাড়া নেওয়া সম্পত্তির মালিকদের ক্ষেত্রেও সময় বাঁচে। তাছাড়া, ভাড়ায় দেওয়া সম্পত্তির খালি পড়ে থাকার হার কমে যাওয়া আর দ্রুত লিজ বা বিক্রির মাধ্যমে সম্পত্তি কেনা-বেচার ক্ষেত্রে তাড়াতাড়ি সম্পত্তির দাম পূরণ হয়ে যাওয়ার

সম্ভাবনাও বাড়ে, আর এই দুটোই হল আর্থিক
সুবিধা।


রিয়েল এস্টেট ম্যাচিং-এর এই ধারণাটির বাস্তবায়ন
বা রূপায়ণ করা গেলে রিয়েল এস্টেট লেনদেনের
মধ্যস্থতার ক্ষেত্রে একটা উল্লেখযোগ্যঅগ্রগতি ঘটানো
যেতে পারে।

## 10. মূল্যায়ন সহ রিয়েল এস্টেট ম্যাচিং পোর্টালকে নতুন রিয়েল এস্টেট ব্রোকার সফটওয়্যারে সুসংহত করা

সমাপ্তির অঙ্গ হিসেবে এখানে বর্ণিত রিয়েল এস্টেট ম্যাচিং পোর্টাল-এর নতুন একেবারে সারা পৃথিবীতে ব্যবহারের যোগ্য রিয়েল এস্টেট ব্রোকার সফটওয়্যারের আবশ্যিক অঙ্গ করে নেওয়া উচিত। এর অর্থ হল, রিয়েল এস্টেট ব্রোকাররা হয় তাঁদের নিজস্ব ব্যবহৃত ব্রোকার সফটওয়্যারের অতিরিক্ত হিসেবে এই রিয়েল এস্টেট ম্যাচিং পোর্টালকে ব্যবহার করতে পারে অথবা রিয়েল এস্টেট ম্যাচিং পোর্টাল সহ নতুন রিয়েল এস্টেট ব্রোকার সফটওয়্যার ব্যবহার করতে পারবে।

এই দক্ষ এবং উদ্ভাবনী রিয়েল এস্টেট ম্যাচিং পোর্টালটিকে রিয়েল এস্টেট ব্রোকার সফটওয়্যারের অঙ্গ করে নিয়ে রিয়েল এসেটেট ব্রোকার সফটওয়্যারের পক্ষে কি মৌল রিয়েল টাইম বৈশিষ্ট্য সৃষ্টি করা যাবে যেটা বাজারে ঢোকার ক্ষেত্রে আবশ্যিক বলে বিবেচিত হবে।

সম্পত্তির মূল্যায়ন যেহেতু রিয়েল এস্টেট ব্যবস্থাপনার সর্বদাই এক আবশ্যিক অঙ্গ, তাই রিয়েল এস্টেট ব্রোকার সফটওয়্যারের সঙ্গে রিয়েল এস্টেট মূল্যায়ন পদ্ধতিকেও যুক্ত করা উচিত।

সামঞ্জস্যপূর্ণ কম্পিউটার প্রোগ্রাম সহ রিয়েল এস্টেট মূল্যায়ন ব্যবস্থাটি লিঙ্কের মাধ্যমে রিয়েল এস্টেট ব্রোকারদের দেওয়া সম্পত্তিগুলির সংশ্লিষ্ট তথ্য/মাপকাঠি ব্যবহার করতে পারবে। যদি প্রয়োজন হয় রিয়েল এস্টেট ব্রোকার তাঁর না থাকা আঞ্চলিক মাপকাঠিগুলি নিজস্ব আঞ্চলিক বাজার স্বচ্ছতার মাধ্যমে পরিপূরণ করে দিতে পারবেন।

এর সঙ্গেই যে সব সম্পত্তির ব্রোকারির প্রয়োজন হবে, সেগুলির জন্য তথাকথিত ভার্চ্যুয়াল রিয়েল এস্টেট রাউন্ড ব্যবস্থাকেও এর অন্তর্ভুক্ত যাতে করা যায় সেজন্য রিয়েল এস্টেট ব্রোকার সফটওয়্যারকে উপযুক্ত হতে হবে। এটা যেমন ধরা যাক, খুব সরল উপায়ে রূপায়ণ করা যেতে পারে যে ক্ষেত্রে একটি অতিরিক্ত অ্যাপ (অ্যাপ্লিকেশন) তৈরি করা

যেতে পারে মোবাইল টেলিফোন এবং বা ট্যাবলেটের জন্য যাতে করে ভার্চুয়াল রিয়েল এস্টেট রাউন্ড-ট্রিপটিকে রিয়েল এস্টেট ব্রোকার সফটওয়্যারে যুক্ত করা হলে সেটিও আপনা থেকে এর অঙ্গ হয়ে পড়বে।

যদি এই দক্ষ এবং উদ্ভাবনী রিয়েল এস্টেট ম্যাচিং পোর্টালটিকে রিয়েল এস্টেট মূল্যায়ন সহ নতুন রিয়েল এস্টেট ব্রোকার সফটওয়্যারের অঙ্গ করে তোলা যায়, তাহলে বিক্রির সম্ভাবনা যে আরও অনেক বেড়ে যাবে সেটা বলাই বাহুল্য।

---

ম্যাথায়াস ফিডলার কোর্শেন ব্রোয়েখ

৩১/১০/২০১৬

ম্যাথায়াস ফিডলার

এরিকা – ফন – ব্রোকডর্ফ স্ট্রীট 19,

41352 অবস্থান : কোর্শেনব্রোয়েখ

জার্মানি

www.matthiasfiedler.net